# 探索識界

## 八識規矩頌講記

聖嚴法師

# 自序

唯識，是一門很有趣味的佛學，從佛學名相及佛學組織的觀點而言，這是初階的基礎。對於人的心理分析，不僅重視現象，更是為了說明如何由煩惱的無明，轉變為解脫的智慧，如何從普通的凡夫，一步一步地成為菩薩、成就佛道，廣度眾生；而且是在修行的過程中，一邊自利得解脫，一邊利他生慈悲，悲智圓滿之後，再以三身四智，一邊自受用，一邊他受用。所以可說，唯識學便是基礎佛學。

唯識學的名相較多，所以此一學派在中國佛教史上，被稱為法相宗。正由於名相較多，所以由凡而聖的分位次第，極其明確，不致以凡濫聖，含混籠統。它會告訴我們三乘佛法的行位及果位，八個心識在各層面中所扮演的角色功能。若不明白唯識而只修各種資糧加行，或者略有身心反應的覺受，便會濫作聖解。尤其是禪修之士，若不釐清無心、無念、無相在唯識學中的層次界定，極容易將無想定無想天的禪境，甚至僅僅是輕安境，便誤以為是明心見性，或將直覺、直觀的尋思境，謬認為是無我無心；其實這都跟初得轉依的見道位所證真如自性，相去十萬八千里了。

我不是唯識學者，但我曾在中國文化大學為哲學及佛學的兩個研究所，開過《成唯識論》的課，也寫過一篇〈明末的唯識學者及其思想〉，並於紐約禪中心為幾位學生講了兩學期的《唯識三十頌》；一九六九年在臺北善導寺，一九八七年至一九八八年之間，在臺北農禪寺，亦曾兩度講解《八識規矩頌》，故對於唯識學也不是沒有興趣。只因我的生涯都在隨緣之中度過，時間有限，故也不夠深入。

最近，接獲臺北寄到紐約的一包稿子，那是我在農禪寺講《八識規矩頌》的錄音稿，是由徐惠文、楊季芳、劉秋蘭、陳秀文、陳光宇從錄音帶寫成文字，再由曾慶堂、鄭熙彥先後潤修，成為文章。文字是我講的話，文章也頗流暢，我真感謝他們。可惜講堂的上課，東扯西拉的東西不少，實際提供的資料訊息卻不足。為了表示對於以上所舉七位居士所費心血的回饋，為了對我自己授課內容的負責，為了將唯識學理出一個比較完整的面貌，所以從一九八八年十二月八日至十二月十八日為止，利用病餘、課餘、公餘，趕早待夜，除了第一及第二篇，均予逐頌逐句，重新親手寫出了三萬多字的釋義。

我除了參考《成唯識論》，主要的資料來源是太虛的《八識規矩頌講錄》、王恩洋的《八識規矩頌釋論》、《卍續藏經》所收明清諸先賢的《八識規矩頌》註釋，以及近人楊白衣的《唯識要義》。前人的智慧，不敢掠美，我很感恩。

此一釋義，可能尚嫌粗疏，但對於初入門的現代人而言，還是很好用的。若在研讀或參考之時，發現疏漏及不當處，請予指正，待再版時改進。

一九九八年十二月二十日於紐約東初禪寺

# 目錄

## 第五篇　第六識頌釋義

## 第六篇　第七識頌釋義

## 第七篇　第八識頌釋義

# 附錄

《唯識三十論頌》

# 《八識規矩頌》

# 《八識規矩頌》

唐三藏法師玄奘奉詔撰

## 前五識（三頌十二句）

性境現量通三性　眼耳身三二地居
遍行別境善十一　中二大八貪瞋癡
五識同依淨色根　九緣七八好相鄰
合三離二觀塵世　愚者難分識與根
變相觀空唯後得　果中猶自不詮真
圓明初發成無漏　三類分身息苦輪

## 第六識（三頌十二句）

三性三量通三境　三界輪時易可知
相應心所五十一　善惡臨時別配之
性界受三恆轉易　根隨信等總相連
動身發語獨為最　引滿能招業力牽
發起初心歡喜地　俱生猶自現纏眠
遠行地後純無漏　觀察圓明照大千

## 第七識（三頌十二句）

帶質有覆通情本　隨緣執我量為非
八大遍行別境慧　貪癡我見慢相隨
恆審思量我相隨　有情日夜鎮昏迷
四惑八大相應起　六轉呼為染淨依

極喜初心平等性　無功用行我恒摧
如來現起他受用　十地菩薩所被機

## 第八識（三頌十二句）

性唯無覆五遍行　界地隨他業力生
二乘不了因迷執　由此能興論主諍
浩浩三藏不可窮　淵深七浪境為風
受熏持種根身器　去後來先作主公
不動地前纔捨藏　金剛道後異熟空
大圓無垢同時發　普照十方塵剎中

# 第一篇

# 唯識的源流

# 唯識的源流

唯識的源流，是從緣起開始的；緣起是佛法的基本思想，緣起的項目叫十二因緣，十二因緣的項目是：無明、行、識、名色、六入、觸、受、愛、取、有、生、老死。十二因緣的中心在於無明，所以在《心經》便提到，先有無明，而有生老病死，如果無明滅，則生老病死滅，無明生，則生老病死生，如果沒有無明，也就沒有生老病死。

「無明」是識的根本，「無明」含藏著一切業的種子，那是在「生」的過程中造種種的業而積聚成的一種力量。因為「無明」而有「行」，「行」是因為「無明」一動，是由「無明」的煩惱種子而產生了「現行」；「行」就是現行的意思，也就是業種的現行。業種現行之後就有「識」，在十二因緣裡所說的「識」不是第八識，而是指第六識，是意識，也就是分別識。因業種現行而產生第六識，由第六識投胎，叫作「名色」；「名」是精神，「色」是物質。「六入」就是眼、耳、鼻、舌、身、意的六根，名為內六入；色、聲、香、味、觸、法的六境，名為外六入，具名十二入，十二處。胎兒具足了六根，然後出生，即與六境相對緣塵，就有了「觸」。我們與環境接觸以後就會有「感受」：苦受、樂受、不苦不樂受等等。有了苦樂的感受就有了「愛」，「愛」即是愛樂；愛的相對就是恨，愛恨就是執著，有執著就產生「取」。因為「取」而「有」下一生的「無明」，這又成了業種。有業種就再產生行、識、名色，也就是「生」。「生」了以後，就必然有「老死」。

在這十二因緣裡，「名色」的「色」是物質，六入、有、生、老死都是物質和精神和合而成；其他都屬精神的，都是「心」。因此，無明是「心識」的根本，唯識是從無明開始，所以唯識的根源就是無明。

從十二因緣看，我們眾生的生死流轉，是以無明為主，所以無明是唯識的源頭。但是，十二因緣是從三世流轉來看的；如果從這一生來看，生命個體分成蘊、處、界三大科。蘊就是色、受、想、行、識五蘊，這裡的識還是指第六識，受、想是第六識的作用，行是介於心、色的一種勢力；受是苦、樂等受。想就是思想，遇到苦的、樂的會考慮要怎麼辦，接著就是要採取行動。例如：剛才吃了一杯很好吃的冰淇淋，會有怎麼樣的想法？是不是又想再吃第二杯？這就是在受、想之後，馬上又再行了，行了之後，種種作用的力量就歸入這個識裡來。

早期佛教所講的第六識就是根本識，而行為也就是第六識因根境相對所起的行動；心攀緣「色」而有行動，緣識而揀色，所以識一定不能夠離開物質的色法。色有形色、顏色，形色或顏色都是顯色，又叫作表色；而觀念是思想的符號，叫作無表色，跟顯色是相對的。所以「色」之中並非全部都是物質的，而是含有物質的和精神的兩部分；五蘊大部分是以精神為主來說的，物質則是精神的附屬品。

五蘊是從心理的活動來看我們的身心世界。六根（眼、耳、鼻、舌、身、意）對六塵（色、聲、香、味、觸、法）叫十二處；處有兩種意思，它是煩惱所生處，煩惱由此而生，煩惱也由此而入，所以也叫「十二入」。

六根緣六塵而生六識，是十八界，而根和識有什麼不同？識有分別作用，根則是根據、依據的意思，是根據、依賴六塵而產生六識的反應。不過，六識的反應並不是完全依賴六根，只是依賴它相對於六塵而產生的第六識反應，具有分別作用。

「界」有因及藏的意思，是指我們的心，以心而產生十八界。在十二因緣裡，「名色」的色，是由於行而產生的，生老病死也是由於業而成功的；業是由心完成的，這個心就是妄心。妄心是無明，真心是真如，也就是「真如心」。界之中有真有妄，裡面包含了一切的東西。以上所講的是三大科，這是唯識思想的源頭。

三大科是原始佛教的分類法，在部派佛教時代，則有犢子系的本識。所謂本識又叫清淨識，後來的唯識便有轉識成智的思想和說法。

在轉識成智的說法還沒完成的部派時代，有如下的討論：人在凡夫階段的識稱為第六識，也就是煩惱分別識；如果成了阿羅漢，從生死中解脫了，究竟還會留下什麼東西？他已經沒有煩惱了，但是並沒有死；沒有煩惱的阿羅漢的識叫什麼？

它有種種名稱，有一種就稱做「不可說我」。凡夫的我是煩惱的我，從種種的煩惱心而見到我，是可說的；例如：我是某某，或我的身體、我的心、我的念頭、我的思想、我的觀念、我的財物、我的家、我的……，我的東西很多，我對我的執著是有形的，是可說的，那就是煩惱。到了阿羅漢的境地則是不可說的，他沒有自我中心的存在，但是他還沒有死，因此叫它「不可說我」，大乘佛教則稱之為「法我執」，因為他是斷了「人我執」，可是「法我執」並沒有斷，還有一個「我」在。

本識的意思就是根本識，虛妄識是煩惱；證了阿羅漢果以後，雖然已經沒有煩惱了，但識還在，就稱之為根本識。根本識是不動的識，是離無明的「勝義補特伽羅」。「補特伽羅」意即我，也是眾生；至於是誰知道有眾生？是「我」知道有眾生。

勝義眾生或勝義我，就是第一義我；勝義諦和世俗諦，簡稱真諦和俗諦，是相對的，俗諦是煩惱識，是生死識、是生死現象，而勝義諦則是出離了生死，所以叫「勝義補特伽羅」，就是勝義我或勝義眾生，這個是經量部所主張的。

「一切有部」稱其為假名的我，那是指虛妄我；凡夫把虛妄的我當成真實的我來看，可是從阿羅漢的見地來看，假名為我，而實質上是沒有這樣東西的。假名我，並沒有真的我，只是給它一個「我」的名字；對於阿羅漢，不能說他有我，因為他已經沒有執著心，可是如果說他沒有我，卻還一樣在生活，一樣在活動，所以就只好方便給它一個名字叫「假名我」。

以上這個過渡階段，還是屬於部派時代的，後來才又轉變成「如來藏佛性」的思想。如來藏本身就是真如，真如實際上就是我們的真心，也就是由妄心轉變而成真心；相對於唯識思想，這已經是另外一個系統了。從原始佛教到部派佛教，它的發展過程是慢慢演變的；但做為唯識源頭的這個「識」，和心則是同樣的。

在生死之中不斷「種子生現行，現行熏種子」，這就是習種。習是熏習的意思。所謂熏習，就有能熏和所熏，以境熏心，而產生一種習行。

習行實際上就是業，業動而產生業的力，也就是動力；動力積聚成為種，而種的本身就是心。這個心就是無明，就是生死流轉的流轉心，也就是流轉識；這流轉心、流轉識的本身就叫作種。

因此「習種」的意思，有能熏和所熏的兩種成分，它既是被熏的，又是能熏的，它是前後熏。我們在生死流轉之中，是自己的自心在循環，造作產生了結果，轉回來熏自己的本心而產生一股動力；這股力量再回來熏自己，於是「我」再接受另外一個果報，這叫作習種；如此形成了習性的思想，由這個思想而漸漸形成了唯識思想。

熏習，分成有漏種、無漏種兩個系統。以十二因緣來看，從無明↓行↓識↓名色↓六入↓觸↓受↓愛↓取↓有↓生↓老死，這叫作「流轉」。相對的是「還滅」，無明滅故，行滅、識滅、名色滅；名色滅故，六入滅；六入滅故，觸滅；觸滅故……一直到老死滅。流轉門的無明是業種，是有漏種；因為無明滅，所以有漏的種滅了。無明怎麼滅？很簡單，只要如實知道十二因緣的流轉，體證它的虛幻不實，就不會再起心行。

以我們凡夫來說，有身體就一定有觸，觸了之後，就有苦、樂受，受了以後，一定有愛。如果心裡沒有任何覺受，就算是接觸了，也無關痛癢。六入沒有作用，也沒有分別識，就不需要行；沒有行，無明本身就沒有了。

這當中的關鍵，是從斷「愛」開始，但這其實並不簡單，必須是有大智慧的人，聽到十二因緣，而往無漏、出生死這方面熏習，那就成無漏種。當有漏的種漸漸不見了，就是無漏種現行了；於是有漏種就能轉變成無漏種。歸根究柢用一句話說，就是由種識成為淨識；這個種識實際上含有有漏識、無漏識。種識的意思主要是指有漏的，既然叫作識，一定是有漏的；而成為淨識的時候，才是無漏的。

早期還沒有「把染識轉為智」的說法；到了無著的《攝大乘論》裡才講到由阿賴耶識轉為阿陀那識，就是淨識。在《大乘止觀法門》裡，將阿賴耶識做為一切染淨之本，叫作本識；淨識、本識、阿陀那識是同一個東西，這是從種識，也就是種子識轉變為淨識。

第二篇

# 百法的內容

# 百法的內容

八識是從原始佛教的五蘊、十二入、十八界發展出來的。《八識規矩頌》是玄奘三藏的作品，其主要內容是討論八個識及一百個法的關係。世親菩薩根據《瑜伽師地論》的六百法，加以濃縮、歸納而成為一百法，作成《百法明門論》。在這之前，世親菩薩延續有部的《大毘婆沙論》加以訂正而造《俱舍論》，只講到七十五法；那是世親菩薩還沒有學大乘佛法之前所寫的一本書。《唯識二十論頌》、《唯識三十論頌》（附錄）以及《百法明門論》，是他學了大乘佛法之後寫成的。

世親菩薩本來是反對大乘，專門弘揚小乘的，後來他的哥哥無著菩薩感化了他。無著菩薩有一部書叫《攝大乘論》，這是講唯識的；世親參考《攝大乘論》，根據《瑜伽師地論》而大力弘揚唯識學，後人即將之稱為「新義唯識學」。

在世親菩薩之後，有十位論師就《唯識三十論頌》加以疏解，最後一位就是護法。這十位論師所著的《唯識三十頌疏》，都被玄奘三藏帶回中國，本擬逐部譯成漢文，只因部帙太大，且各部內容差異不大，故接受其弟子窺基的建議，不如揉合十種譯成一部。玄奘便以護法的觀點為主要的依據，而參考其他九位論師的著作，揉譯完成了一部十卷的《成唯識論》。所以《成唯識論》沒有標準的梵文本，它是中國人所編譯出來的。

要懂唯識，必須先講百法的法相，有句話說「法相必宗唯識，唯識必闡法相」，可見法相和唯識是分不開的。歸納一切法為一法，諸法唯識，萬法唯心，一切法匯歸於心識；從心識產生的作用來分析，就叫法相學。

法相在《俱舍論》之中只有七十五法，世親菩薩將它發展成為百法，常用一偈來說明百法的內容：「色法十一心法八，五十一個心所法；二十四個不相應，六個無為成百法。」就是將百法又分為色法、心法、心所法、不相應行法、無為法等五類，所以也稱為「五位百法」。

## （一）色法

色法有十一個，即是五根與六塵；為什麼不是六根六塵？因為意根不屬於色法。除了意根之外，有眼、耳、鼻、舌、身五根，加上色、聲、香、味、觸、法六塵。平常所稱六根中的意根，屬於心法，小乘以前念之意識為意根，大乘唯識以第七末那識為意根。六塵的法處識，一分屬色法，一分屬心法。

## （二）心法

心法有八個，就是前五識加第六意識，加第七意識（末那識），再加上第八藏識（阿賴耶識）。

八識又稱為心王，是心的主體。並不是真的有八個心王，只是分析心識的功用有八個。第七意識執第八藏識的見分為我，前六識執第八識的相分為我。前五識是隨五根緣境的第六意識各別作用，所以前五識、第六識、第七識、第八識，本身其實是同一個東西。前五識僅在對外境接觸時產生功能，第六意識緣外境分別，也自緣內心的念頭分別；第七、第八識二者關係緊密，有第八識就一定有第七識，流轉於生死之中，從生到死，從死到生，糾纏不清，所以第七識是第八識我執的現行。

第六意識是分別識，凡是分別比較的心理活動，都是第六識，前五識只是單純的對境，所以第六識也是第八識煩惱的現行。它只有在熟睡、昏厥、深定時才暫停活動，一直要到放下我執時才能不起煩惱。前五識是從生到死，隨著肉體的出生而出現，也隨著肉體的死亡而消失；第六識則是以第八識的相分為我，永遠跟第八識不分離，直到放下我執為止。

第八識有能藏、所藏、執藏三種性能，第七識對它的關係是執藏，第六識對它的關係是所藏，它對第六識的關係是能藏，如此便構成了一個非常堅固的鐵三角中心，生死與共，一同流轉於生死苦海。

## （三）心所法

有五十一個，心所的意思就是心王所擁有的種種作用及其現象。心王的作用主要是透過第六識而產生的，前五識只是第六識的應現，故有「六窗一猴」之喻。前五識本身沒有分別作用，也無所謂產生煩惱或不煩惱；第七識的功能是執第八識的見分為我，對外沒有表現，故與心所沒有直接關連；第八識為第七識所執，亦為第六識所依，乃是心王中的心王，隱於第六識之後，與心所亦非直接關係。因此，只要提到心所，則定與第六意識直接相關。

五十一個心所，分作六類：

1.遍行——觸、受、思、想、作意。這五個心所，本性無記，非善非惡，卻能遍於三性、九地、八識，一切時俱遍，故名遍行。

2.別境——欲、勝解、念、定、慧。這五個心所，性亦無記，與心王相應時，每一個都各別緣境而得生故。

3.善——信、慚、愧、無貪、無瞋、無癡、精進、輕安、不放逸、行捨、不害。這十一個心所，性是純善，唯善心中，可得生故。

4.根本煩惱——貪、瞋、癡、慢、疑、惡見。這六個心所，性是不善，煩惱汙染，根本煩惱攝故。

根本煩惱，也就是一切煩惱的根本；原先是以貪、瞋、癡三毒為根本煩惱，《俱舍論》中未見此名目。唯識學將三毒加上慢、疑、惡見，而成為六根本煩惱，其實就是強烈的自我中心的代表，即是我貪、我瞋、我癡、我慢、我疑、我見。後來又將前五項稱思惑，後一項再分成五種，即是身見、邊見、邪見、見取見、戒禁取見，名為見惑。

思惑的五項，又叫作「五鈍使」；見惑的五見，又叫作「五利使」。另又被分別稱為五上分結及五下分結。惑、使、結，都是從此根本煩惱發展出來的意思。

5.隨煩惱——有二十個，是隨著根本煩惱而產生了另外二十個煩惱的眷屬，其中又分成為小隨煩惱、中隨煩惱、和大隨煩惱三類。

小隨煩惱有十個：忿、恨、覆、惱、誑、諂、憍、害、嫉、慳。

中隨煩惱有二種：無慚、無愧。

大隨煩惱共有八種：掉舉、惛沉、不信、懈怠、放逸、失念、散亂、不正知。

6.不定法——悔、睡、尋、伺。這四法是通於善、不善、無記的三性，故稱之為不定。

## （四）不相應法

不相應法有二十四個：得、命根、眾同分、異生性、無想定、滅盡定、無想報、名身、句身、文身、生、住、老、無常、流轉、定異、相應、勢速、次第、時、方、數、和合性、不和合性。此在《俱舍論》中僅有十四個，因其不與心法及色法相應，非色法、非心法、非心所法，亦非無為法，乃是與心法、心所法、色法相關的力勢法則，故名不相應行法，此「行」是五蘊中的行蘊所攝。

## （五）無為法

無為法有六個：虛空無為、擇滅無為、非擇滅無為、不動無為、想受滅無為、真如無為。這是相對於前面的九十四個有為法而言，叫作無為法。

有為，就是有作為的，無所作為的叫作無為。凡是因緣所生的一切法，如前所述的色法、心法、心所法、不相應行法，都是不離生、住、異、滅四相遷流的，是無常的，會轉變的，都是有為法，又叫作世俗諦，也叫作生死法，或叫作生滅法。非因緣所生的，無生無滅，而無變異的寂滅法，叫作無為法。

1. 虛空無為：此處所說的虛空，不是我們地球外層的太空。虛空無為的意思就是真如法性，遍於一切而不占一切，亦不受一切所障礙；能容納一切而遍一切，自由自在；既不受，也不給；既不得，也不捨。

2. 擇滅無為：以抉擇的智慧而滅除煩惱，是進入真如的力量，也是進入真如法性境界的方法。這不是屬於我們修行止觀的方法或禪定的方法，而是指從煩惱得到解脫而進入真如；它本身是無漏的正智，是佛智或是無師智、自然智，是把煩惱撥開而進入真如的智慧。

3. 非擇滅無為：是指畢竟不生也無可滅的真如，根本沒有煩惱，所以也用不著智慧來滅除它。擇滅無為是因智慧顯現，所以煩惱不見了，這是相對的；非擇滅無為是因為真如本身就是智慧，煩惱根本不存在，不需要用智慧去滅除它。

4. 不動無為：是五淨居天三果聖人所證的不動心。不動心的聖者雖然在界內，但是和界內的煩惱不相應，所以叫不動。五淨居天是在第四禪天，是無煩、無熱、善現、善見、色究竟這五種天。阿那含是三果聖人，他雖然還沒解脫，但是進入這五種天之後，不再回到人間來，在這個天上進入滅受想定，出離生死，故亦名無為。

5. 想受滅無為：是四果聖人所證的滅受想定，在這個定裡，沒有領納或想像的作用及心相。

6. 真如無為：是大乘菩薩所證到諸法的實性。小乘的聖人，三果證不動無為，四果證想受滅無為，只有大乘的菩薩能夠證真如無為。真如無為，真實不虛，遍一切處、遍一切時而無障無礙、不變不異、不可思議，也不隨緣。

第三篇

# 唯識的涵義

# 唯識的涵義

《八識規矩頌》共計十二頌、四十八句、三百三十六字。前五識、第六識、第七識、第八識各三頌。在解釋前五識的三頌之前，要先解釋《八識規矩頌》的「識」字。

唯識的識，是由十二因緣的無明而衍生，因無明而有有情眾生（人）的生死流轉，演變成為唯識之時，即以此識做為生死與還滅的主體，更以此識為人生宇宙的主軸，並以此識為世出世法的總體，也以此識為轉迷成悟的著力點。從原始佛教的業感緣起到大乘唯識的阿賴耶緣起，都不離此識的功能範圍。

由百法的條目來看，好像只有心法、心所法、不相應法、不定法與此識有關，色法及無為法，便與此識無關。其實，既講唯識，就不論心法和色法，也不論世間有為法和出世間無為法，無不由識現，無不依識變，一切法統攝於百法，百法皆源於此識。

唯識的識有二種功能，以生死流轉門而言，具有種子與現行互動互熏的功能；以生死還滅門而言，具有轉依的功能。

所謂種子與現行，是指第八識與前七識的關係。第八識為種子識，它的見分被第七識執為我，它的相分被第六識執為我；第七識與第六識，都是第八識的現行。前七識在現行活動之時，所有的力量反熏第八識的種子，種子又反應成為前七識的現行。

第六意識有思量、計度、分別等功能，透過前五識反應五根六塵的接觸，產生種種心所法的反應作用，既是第八種子識的現行，又同時回轉來反熏第八識而成為新加入的種子。因此而形成受報造業、造業受報，生了又死，死了再生，永無盡期。

所謂轉依的功能，是指唯識學的目的，不僅在於分析法相，而是在於從法相的分析，到法性的實證，也就是轉變虛妄的八識，成為真如實性，轉八識成四智，稱之為轉依。因此，以第八識為轉變煩惱成智慧之所依，第八識為依他起性之法，此中既藏有煩惱所知二障的種子，也藏有菩提無漏智的種子，所以它的實性即是圓成的真如涅槃。此識的二障種子雖是虛妄，所藏的無漏智種子確為真如，故要轉妄顯真，關鍵還在於此第八識，故名為轉依。

第四篇

# 前五識頌釋義

# 前五識頌釋義

以上已說明識的體相及識的功能，現在正式解釋前五識的頌文，共三頌十二句，第一句是：

性境現量通三性

意思是說，前五識在唯識的三境之中屬於性境，在三量之中屬於現量，在三性之中全都通達。至於何謂三境、三量、三性，分別說明如下。

三境：亦名識境，諸識生起時，必有境界被識所緣，識是能識，境是所識，然其有實假不同，分為三種。

1. 性境：性是實義，謂此境體，實有不虛，不是從心計度而起，非如遍計所執的空中花、兔子角等。此與有為、無為、染淨、定散諸法相通，包括色、聲、香、味、觸，以及真如法性等的實事實理。此亦有二，一者勝義性境，唯聖者證得；二者世俗性境，就是事實上的實有。

2.帶質境：帶有異質，似彼一分而體相違之義。心及心所在緣境界時，於本質境起別異解；也可以說，雖帶本質，卻與本質不同，心緣此境，雖以此境為親所緣緣，卻以自己的意解做為此境的本質。例如心緣五蘊，執以為我，此我執乃由心生，而非起於五蘊，但卻是託於五蘊而從心上生起我執。也就是臨境之時，心起意解，雖此意解託境而生，卻是帶其本質之一分，已與本質相異。此亦有二，一者真帶質，就是以心緣心，如第六識緣一切心心所，第七識緣第八識見分為我。二者似帶質，就是以心緣色，如分別桌椅等物，其實只見顯色、形色，未見桌椅。

3.獨影境：此境之體，但隨心生，是識的相分，不仗本質，以獨影為境。例如心緣過去及未來境，不緣現前境，出於此心的記憶、設想、推比，而思想種種事理。此境或誤或正，是非不定。記憶不謬，思惟不差則為正；記憶錯亂，推比不實則為邪。不過無論邪正，由此境無本質故，但由心起。因而凡是夢、幻，也屬獨影境。此亦有二，一者有質獨影，二者無質獨影。

三量：亦名識量，共有三種量，即是現量、比量、非量。此與三境相關，了境的智識名為量，在此三種智識中，前二種是正確或近乎正確的，第三種是不正確的。

1.現量：緣性境，能量與所量，皆現在前，識於境界，親證無謬，得其真相，無有虛假，只有事實，不帶名類分別故。

2.比量：緣正確的獨影境，所量之法，不在現前，藉餘諸相，而觀彼義。係由推度而知，解義無謬。如遠見煙，知彼有火；由諸習氣相續現行。所觀事理雖不現前，推比得知，方便無差，契合事理，故名比量。

3.非量：緣不正確的帶質境及獨影境，與事實全不相符，僅是意識，是無始以來的分別，名言習氣，顛倒分別性相，如眼有病，見到空中有花。又有暗夜見麻繩執以為蛇；見樹樁執以為妖怪；由五蘊聚合，執以為真我，境雖現前，量則全非，故亦名為似現量。

三性：即是識性，共有兩類三性，一類是從道德標準而言，即是善性、不善性、無記性；另一類是從識所領境的真妄差別而言，即是遍計所執性、依他起性、圓成實性。此處所言三性，是就第一類而言。

1.善性：境與信等相應，即為善性。

2.不善：境與貪著等相應，即為不善性。

3.無記：境不與善法相應，亦不與煩惱等不善法相應，便是無記性。

至於第二類的三性，雖非此處所言，亦宜知之：

1.遍計所執性：是非量，是無質獨影境，如以繩為蛇，並無蛇。

2.依他起性：是比量，如依麻成繩，的確是繩，繩依麻成，名依他起。

3.圓成實性：是現量，是聖者的智慧所親證的真如實性，是圓滿成就了的果位境界，如麻亦無自性。

眼耳身三二地居

這是指前五識在三界九地中所擔任的功能，是哪些範圍。這句頌文是說，前五識中的眼、耳、身三個識，在三界九地中，到了第二地尚有用，三地開始以上，就用不到了。至於另外的鼻、舌兩個識，僅在第一地的欲界有用，進入禪定天的第二地以上就用不到了。在欲界中，五識都有用，到了色界的初禪尚有尋伺，取外境，故有眼、耳、身的三識作用；初禪已離段食，亦無香味，故已不用鼻、舌二識。

所謂三界九地，也就是生死界及凡夫界，通常被稱為世俗界或稱為世間，共分欲界、色界、無色界。欲界僅一地，色界即是四個禪定天，無色界即是四空處定，合為九地。它們的次第名稱如下：

欲界：名為五趣雜居地。因在欲界之中，即有五個層級和類別的眾生共同居住，故稱五趣雜居地。所謂五趣，便是通常所稱的六道之中少列阿修羅道，僅列人、天、地獄、餓鬼、畜生五類；通常將人及天，稱為善趣，其他三類，稱為惡趣。欲界的天趣有六個層次，稱為六欲天，此與色界無色界的禪定天趣，有所區別；欲界天趣以享受五欲的色、聲、香、味、觸，是微妙的物質環境。

色界：即是四種四禪定天，分別名為初禪、二禪、三禪、四禪。若以九地的次第而言，則是：

1. 初禪名為第二離生喜樂地：以離欲界五欲所生的禪境喜樂而得名。

2. 二禪名為第三定生喜樂地：由於離初禪的尋伺，禪定轉深，攝受喜樂而得名。

3. 三禪名為第四離喜妙樂地：由於離二禪的禪喜，無有踴躍，心彌寂靜，其樂彌妙而得名。

4.四禪名為第五捨念清淨地：由於離三禪的禪樂，一味恆共捨受相應，寂靜平等。正直安住，名捨清淨；由念無動故，心不忘失，而性明了，名念清淨。

無色界：又名四空處，各為一地：

1.空無邊處地：解脫於色，無礙無對，但以空識無邊為所緣境。

2.識無邊處地：捨色緣空，捨空緣識。

3.無所有處地：捨空緣識，復離識而緣無所有。

4.非想非非想處地：捨無所有想，乃至俱捨有所有想及無所有想，故非有想，亦非如色界的無想天及小乘聖者的滅盡定，故非無想，唯有微細想，緣無相境轉。

遍行別境善十一，中二大八貪瞋癡

這是說，前五識在五十一心所裡，與之相應的有遍行五個，別境五個，善心所十一個，中隨煩惱二個，大隨煩惱八個，以及六個根本煩惱中的貪、瞋、癡三個，總共有三十四個。

遍行為諸識必俱；別境是因五識隨六識的希望等境而起作善業，故有別境及善心所；中隨及大隨是遍染心故；根本煩惱中，五識起著故有貪，起憎故有瞋，癡為染心之本故亦相應，前五識無執我功能，故與慢、疑、惡見不相應。

## 五識同依淨色根

色法有十一種，即是五根及六塵，根與塵相接觸，即生識的功用，前五識與五根的關係是一個配一個的，即是眼識配眼根，耳識配耳根，鼻識配鼻根，舌識配舌根，身識配身根。但是五根有外表的粗相，名為浮塵根，有內隱的細相，名為淨色根。浮塵根是指五官及身相，也是指神經系統，都屬於物質體的色法；根塵相觸，映攝外境的功能，便是前五識依五種淨色根而產生。因五識各別依其所配之淨色根而產生功能，故名不共依。又因前五識不能離開第六意識而產生作用，前五識的任何一識生起作用時，必與第六意識俱起，故有將六識名為五俱意識。

由此可知前五識對外必依淨色根，對內必依第六意識。而第六識的功能有通過前五識而起分別作用，故其自身名為分別依；第七末那識執第八識見分為我，可為染法之我，亦可為淨法之我，故其名為染淨依；第八阿賴耶識為諸識之根本，故其名為根本依。

在八個心識之中，彼此均有關連，若由前五識開始，向外緣境，又必須對內有其所依，是依於第六識而起作用。第六識又必依第七第八識，第七識則依第八識，第八識還依第七識，均稱俱有依。前五識的俱有依，是第六、七、八識，又同依五色根，第六識的俱有依是第七、八識，第七識的俱有依是第八識，第八識的俱有依是第七識。這項俱有依的說法，見於《成唯識論》卷四。

## 九緣七八好相鄰

「九緣」是指以九個條件，使前五識產生作用。

識的生起作用，凡有四緣：⑴因緣，即是以六根為因，六塵為緣。如眼根對色塵時，眼識隨生，故名因緣生。⑵次第緣，亦名等無間緣，即是心心所法，次第無間，相續而起，故名次第。⑶所緣緣，即是心心所法，須仗託諸緣而起，是自心之所緣慮，於是而有親所緣緣（自心）及疏所緣緣（外境）之分。⑷增上緣，即是六根能照境發識，有增上力用，諸法生時，不生障礙，故名增上。

此處所說的前五識與九緣的關係，意思是說：

眼識：須具「九緣」而生作用，那就是眼根、分別依的第六識、染淨依的第七識、根本依的第八識、作意、空、明、色境、眼識種子。

耳識：須具「八緣」而生作用，比起眼識，少一個「明」緣，其他八緣則為耳根、六識、七識、八識、空、作意、聲境、耳識種子。

鼻識：須具「七緣」而生作用，即：鼻根、六識、七識、八識、作意、香境、鼻識種子。

舌識：須具「七緣」，即：舌根、六識、七識、八識、作意、味境、舌識種子。

身識：須具「七緣」，即：身根、六識、七識、八識、作意、觸境、身識種子。

合三離二觀塵世

「塵世」指物質的六塵世界，就是色、聲、香、味、觸、法，亦名六境。世為世間，古往今來為世，四方上下為間，時間加上空間就是世間。五識中的鼻、舌、身三種識須由根、塵相合而產生作用；眼、耳二種識則必須根、塵相離才能產生作用。鼻根合香塵才生鼻識，舌根合味塵才生舌識，身根合觸物才生身識，故名「合三」。眼觀色，必須與發出光線的物體隔一些距離，耳聞聲，必須與發聲的物體有一定的距離，故名「離二」。

「觀塵世」的觀是觀察，也就是把五根和五塵相對，以五識來觀察。如果僅僅只有五根和五塵相對，而沒有五識的作用，世間雖有，仍等於不存在，因為只有五識才知道根、塵相對；除了五識之外，不能產生根、塵相對的心理反應。

因為五識能夠觀照，是能觀五塵的。正因其觀察塵境故，所以才有造業、受報的事實發生。觀塵世，並不是個旁觀者，而是透過前五識而造業、受報，有在塵世中，既造業又受報的意思。

## 愚者難分識與根

唯物論者的哲學家認為，我們的觀察、思辨、學習、記憶、分析能力，以及感情的反應等，都是神經的作用；也就是認為人之所以有喜怒哀樂，是因為腦神經、中樞神經、末梢神經等的作用，記憶屬於腦神經，痛、癢屬於感覺神經。不論生理或心理的現象，都是由物質構成的根產生，而不是另有一個識。但是，人死後神經系統都還在，若解剖屍體，可以找出一條條的神經，那是一種肌肉組織。同樣有神經組織，為什麼活人有作用，死人無作用？因此，智者發現，除了微細的根，必然尚有識的存在及作用，活時依根生識，死時根存而識離。

識與根有關係，但識不是根，愚者卻認根為識，根識不二，根識不分，但是不知何以人死之後，根即失卻功能。而且如果識就是根，那麼人死後，根還在，死人有沒有感覺呢？

曾經有位太太告訴我，她先生死了，捨不得用火化，要土葬。我問她為什麼？她說：「火燒了好痛。」我說：「人已經死了呀！」她說：「人死後若進入八寒地獄、八熱地獄，在地獄中受苦報，冷還是冷，熱還是熱；把死者送去火化，等於把他送去八熱地獄；在生時已經很苦，死後再送去火煉地獄，太可憐了，所以我捨不得把他火葬。」這種把身體和精神分不開的人，是很愚癡。

我告訴她：「人死後根敗識離，就沒有知覺，所以燒了他，他是不會痛的。」

這位太太又問：「那燒了他，他知不知道呢？」我說：「他可能知道，他站在旁邊看，身體燒掉了，在旁邊做個旁觀者，實際上他並不會痛。」

也有人說：「報紙上登載某人被水淹死，屍體找不到；後來死者託夢給家人，說他好冷，請家人送衣服給他；家人就問要送去哪裡？死者說，送到落水的地方就可以收到。第二天，家屬就將衣服丟到死者落水的地方，那衣服順著水流，流到一個地方，就停止不流了；家屬請人下去打撈，結果真的找到屍體。有人就說死後屍體在水裡，所以會覺得冷，要穿衣服，所以死後身體還是怕冷的。」

另外還有人說：「他家的親屬死後土葬，棺木浸水；死者託夢，說住的地方很潮濕、很冷，要搬家。家人就去挖遷，挖開之後，發現棺木裡都是水；搬遷後，就不再託夢。」

這些都是把神識和遺體分辨不清的人，都是以為死後身體還有知覺，其實這是死者的執著心，他看見自己的身體泡在水中，就感覺大概會冷吧。事實上，屍體已無知覺，怎麼會冷呢？除了守屍執著，別無其他理由。火葬後由於沒有遺體可被執著，就可以好好轉生他趣，乃至往生善道，或往生淨土去了；否則成為守屍鬼，就十分可憐了。

前五識是從五根、六塵相對而產生，識不是根，也不是塵。根塵與識有不同的定義，根是能感受，識是能了別，塵是被根所受、被識了別的境；因為根是物質，所以只能感受，但是不能了別。

根與識的關係極為密切，總說有五點：一是根能發識，二是識必依根，三是根能助識，四是識屬於根，五是識猶如根。由於有這五種關係，所以根與識似乎有點類似，使得許多人都無法分清根與識，所以說「愚者難分識與根」，此所謂愚者是指凡夫外道以及二乘人。

「根能發識」是說根與境相對，識才能產生。「識必依根」是說如果沒有五根，則前五識不能產生。「根能助識」，不需要再說明。「識屬於根」是說前五識依根得名，譬如眼識依眼根得名。「根猶如識」是說如果沒有五根，則前五識不能發生作用。一般人以為識好像就是根，但如前所說，死人還有根，但是已經沒有識，因此可知根不是識，五根是純物質的，前五識則是依第六意識而起作用，第六識的所依則為第七識及第八識。所以識不是根，非常明顯。

依唯識的觀點，前五識不能以塵境為親所緣緣，但須藉五根為增上緣，以自識所變起的主觀條件為親所緣緣，塵境乃是疏所緣緣。因為五識對塵緣，必須依靠五根為增上緣，又須依自識為基礎，所以產生識用時，雖藉根塵相接觸，識所緣者，已經不是如實的塵境本身。

唯識所認知的淨色根，並非如常人說的五官外形，甚至也非指的神經叢，乃是在根塵相接產生識用時而有，當識離時，塵境雖在，淨色根已消亡，如果尚餘有根，乃屬於浮塵根。

### 變相觀空唯後得

前八句是講前五識的世間有為法，以下四句是說前五識轉識成智的出世間無為法。

此句是說，前五識轉識成智的變帶相分，所觀的真如空性，不是根本智，而是後得智。

此處的「變」字，有人寫作帶字，是有轉變的意思；「帶」就是攜帶相分和轉變相分。欲知八識自相及共相的相涉相依，必先明白八識的作用，古來諸論師間各有看法，而有「安難陳護，一二三四」之說。也就是四大論師，各別的主張不同，建立一分、二分、三分、四分之說。

1.若依安慧論師之說，僅立一心自體的一分，他以為見分及相分，情有而實無故。

2.若依難陀論師之說，建立見相二分，他以為必有依他之實體境相分，能緣見分的心才能生起。

3.陳那論師之說，除了見相二分，另加自證分，而成三分，他以為見分雖知相分，而見分不能自知見分，如刀不能自斬，為別知見分之用，故安名自證分，即是識的自體分。

4.護法論師之說，建立四分，是於見分、相分、自證分之外，再加一證自證分。由於玄奘所傳譯的《成唯識論》主要是依據護法的觀點，所以中國的唯識學派，即以四分說為準則。

相分：是本識阿賴耶的現行及種子，存於本識內部為種子，現於本識之外為現行，現行即是本識變現的根身及器界，即所謂依正二報。此本識的相分，通於前五識的性境相分及第六意識的三種相分：⑴五俱意識性境相分，⑵散心意識帶質境相分，⑶定心意識性境相分。

見分：本識阿賴耶的見分，即是被第七末那識執以為我的帶質境相分，也是第六意識散心帶質境的相分。也就是說，第七意識對第八本識所緣的，是第八識的見分，第六意識對第八本識所緣的，或為第八識相分的根身器界，或為第八識的見分，原因是見相二分，乃是自證分的一體而兩個面，兩個面連成一體，不能離體而獨立，所以從外緣其相分，也和它的見分割不開，第七識不緣根身器界及其種子，故僅緣本識的見分。

自證分：是本識的自體，因為見相二分，若無自證分，便失依怙，不能自存，所以必須有自證分為本識的主體。

證自證分：自證分僅為見分及相分所緣，如何自緣本識，故必須建立證自證分，本識的功能才始完備。

由於前五識是第八本識的相分，故不能親緣本識的見分；在三性之中，屬於遍計所執性，在三能變之中屬於第三能變。故當前五識以觀真如實性的無我空相之際，也即是轉前五識為成所作智之時，無法與本識轉識成為大圓鏡智相同，所以僅有後得智而未得根本智。

何謂根本智與後得智？根本智，又名根本無分別智，乃是諸智的根本，契證真如妙理之智，是任運徹照法體，契會真理，又名如理智、實智、真智。《成唯識論》卷十云：「緣真如故，是無分別。」至於後得智，又名無分別後智，即是在得到無分別智之後所起的慧用。根本智，非能分別，亦非所分別，後得智為所分別及能分別。根本智為如理智，後得智為如量智，佛陀成等正覺是根本智，佛陀成佛後起大悲心救度眾生所用者為後得智。真諦譯《攝大乘論釋》卷十二云：「根本智不取境，以境智無異故，後得智取境，以境智有異故；根本智不緣境如閉目，後得智緣境如開目。」前五識轉為成所作智，即是後得智，不是根本智，故謂「變相觀空唯後得」。

所謂三能變：⑴初能變是第八阿賴耶識，為異熟識。⑵第二能變是第七意識，是思量識。⑶第三能變是第六意識，是了別識。是對於唯識能變現萬法之謂。乃是唯識變現有漏諸法的能，故與此處轉識成智的「變相觀空」的變，絕對是迷悟不同的。

果中猶自不詮真

因為前五識是依五根而起的，五識本身是把外境做為它的對象，前五識本身，並不全部都是屬於精神的。如果沒有五根對五塵的話，就沒有前五識。而在成佛之後，如果沒有後得智要度眾生，成所作智是不存在的，因為成所作智本身是不能夠單獨成立的。雖然，成所作智能夠照著前五塵的樣子，實實在在如量觀察；而它自己本身是真正和真如一體的、相應的，不是前五識轉智的成所作智，而是第八識轉識成智的後得智。

所以到了成佛以後的果位上，只有真正的如理智才是和真如完全一樣，難分難解。如果不產生度眾生的作用，就是真如；如果產生度眾生的作用，就不是真如，而是從真如的體所產生的用和相。真如的「用」，在前五識叫作成所作智，在第八識叫作後得智。而真如的「相」，是前五識轉識成智之後所見的五塵世界，不是真如。

現在再回過頭來探討，為什麼前五識到了佛果位中還是不能夠理解「真如」？因為它自己本身沒有這個能力，它不是真如的「體」，沒有這個資格，而且它不能夠單獨存在；如果離開了五根、五塵，前五識就沒有作用。

「果中」是指在成佛之後的前五識，已經轉為成所作智；但雖然是成所作智，它只是真如的相和用，而非「真如」的體，所以它不知道真如是什麼，只知道照著去做。果位上的佛，用他的眼、耳、鼻、舌、身來度眾生，但已不叫作前五識，而稱為成所作智。因為那些功能，是從第八識的根本智之後，所產生的後得智而來的。後得智是真如的相及用，而根本智則是真如的體。

## 圓明初發成無漏

這一句是說當第八阿賴耶識最初轉為大圓鏡智之時，前五識也跟著從有漏轉變成無漏。前五識變為無漏的時候，是一下子就變，而不是慢慢地變，是突變，非漸變。因為離開第八識轉成的根本智，就沒有前五識轉成的後得智，所以第八識轉的時候，前五識也跟著轉；好像手掌和手背一樣，本身是同一個東西。

「圓明」是指第八識轉成為「大圓鏡智」，它是透徹、圓滿而光明的；這就叫作無垢識，又叫作清淨識，也叫作離垢識，或叫作無漏識，類似的名詞很多。

凡夫的前五識是依五根對塵境，一定是有漏的。「有漏」的意思，是指功德不能夠圓滿，生長的功德會一直漏掉；因為有漏洞，所以永遠不會滿。如果能夠圓滿了，從此都不會再漏失，那就是無漏。

因為凡夫是依五根而起，所以是有漏的、有垢的。諸佛是在金剛道後，空去異熟識而成無漏智，便是根本智；再依後得智而使用五根，發揮救度眾生的功能，便是無漏的成所作智。

## 三類分身息苦輪

「三類分身」所指的是：

1. 隨類應化身，是三乘普被，五趣同沾。
2. 丈六紫金身，是為大乘資糧位菩薩、二乘人、凡夫示現。
3. 千丈盧舍那身，是為大乘四加行位菩薩示現。

第一類的隨類應化身，又分成兩種：一種是投胎化身，一種是變化身。「變化身」是忽隱忽現，一下子顯現給你看，一下子又看不到，可變化為種種身。「投胎化身」，譬如釋迦佛也一樣地經過入胎、住胎、出胎的過程。隨類應化身是為了度五趣中的任何一趣，不一定是現佛身，可能現菩薩身，現二乘人身，也可能現女身、男身，現老人、小孩，甚至現畜生身、餓鬼身、地獄身等。

第二類的丈六紫金身就如同釋迦牟尼佛，也就是轉輪王身，具足三十二相、八十種好。現千百億化身的丈六紫金身，就是現佛身。

第三類的千丈盧舍那身又稱為報身，是為了度唯識大乘四加行位的菩薩。唯識法相宗的四加行位，是其修行五位中的第二位，第一資糧位是十住、十行、十迴向，於此三十心終了，將入見道位之前，有煖、頂、忍、世第一的四善根，即名四加行位。到了初地的入心位，便是第三通達位，亦即見道位。由初地之住心位起（地地皆有入、住、出的三個心位）至第十地之出心位，皆名第四修道位。第五佛位即是究竟位。唯於資糧及加行二位，須由前五識轉變的成所作智以三身化度。到了通達位，已非成所作智度化的境界。

「息苦輪」是因五趣眾生，流轉生死，頭出頭沒，永無了期。諸佛慈悲，他們雖已永脫苦輪，仍以三類分身，在三界五趣中普度眾生。三界之中，雖也有苦有樂，由於未脫生死，往往受樂之時，已造受苦之因，或者受樂之後，又要接受苦的煎熬。

三界五趣眾生之中，地獄、餓鬼、畜生三趣，唯苦不樂或多苦少樂，人趣有苦有樂；欲界天享受物欲樂，色界天住於禪定樂，無色界天雖無苦樂受，仍未脫離苦輪的範圍，一旦定力退失，還墮於苦境受苦。

第五篇

# 第六識頌釋義

# 第六識頌釋義

第六識是依意根起，故名意識。意根不同於四大所造之前五根，故非色法，乃為心法。小乘以前念的意識為意根，大乘以八識中的第七識為根，前六識均係依根起，六根對六塵起六識，各各皆以其所依之不同的根，而得六個不同的名，即是眼、耳、鼻、舌、身、意六個識。下面所釋第六意識的功能，共有三頌十二句。

三性三量通三境

此句頌文是說第六意識，通於善、惡、無記的三性，通於現量、比量、非量的三量，通於性境、帶質境、獨影境的三境。

在解釋頌句之前，先介紹第六意識的性質及功能。此第六意識，是遍緣識，能緣一切有為及無為諸法。以其作用很廣，故有多種名稱，可以分作兩大支：

（一）五俱意識：第六意識與前五識同時生起時，即得此名。若五俱意識可以明白清楚地了知境界時，名為「明了意識」。在明了意識中若與前五識同時俱起，並且同緣五識的境界者，名「五同緣意識」；若僅與前五識中的某一識俱起，則名「不同緣意識」。

（二）不俱意識：第六意識不與前五識同時俱起時，也分兩類：其一，若第六意識僅與前五識中的某一個識俱起，且於緣境後相續現行，則名「五後意識」。其二，若第六意識不與前五識的任何一識俱起，而是單獨地生起，名為「獨頭意識」；在此獨頭意識中，又分有四種：

1. 定中獨頭意識：與色界、無色界的一切定心俱起者。
2. 獨散意識：單獨觀起的回憶過去，思考未來，或加比較、計度、分別的意識。
3. 夢中獨頭意識：是於睡眠之時，現起的分別意識。
4. 狂亂獨頭意識：失心瘋狂，神智錯亂時的意識狀態。此又有真亂意及似亂意兩類。

此第六意識，是藉五緣發生：境、作意、不共依的第七識、共依的第八識、親因緣的種子。此識遍與五十一個心所相通，故具善、惡、無記的三性。唯在熟睡、悶絕、無想定、無想天、滅盡定等五位，此識即間斷而暫時不起。

此第六意識通於三量者，例如與前五識俱起，或定中所起，即是現量；不與前五識俱起的意，為分別、計度、尋思，即為比量；若為夢中獨頭或無根的猜測疑慮，則為非量。

此識通於三境者，例如現量取境，即是性境；比量、非量所取之境，即為帶質境及獨影境，例如隨前五識計度瓶或衣等，為帶質境，泛憶瓶及衣等之過去相或未來相，即為獨影境。

三境中的性境，又分為兩種：1.勝義性境，就是佛及開悟的聖人，所體現的境界，那是即相而離相的，即我而離我執的。2.世俗性境，是與前五識俱起時所見的，以及定中所起的現量境。

帶質境也分為兩類：1.真帶質，是以心緣心，譬如第七識緣第八識；因為第八識是業種所藏，它是實實在在的。「以心」的「心」是第七識，「緣心」的「心」是第八識；這與外在的境沒有關係，這是內在的作用，所以是真的。2.似帶質，是以心緣色，例如散心獨頭意識是比量，其中帶有前五識所緣境的印象，加上第六識所產生的種種想像，雖有前五識現量的質，可是透過第六識，就可能有加油添醋的成分了。

獨影境不是隨境而生，是獨立生起的影像，亦分有兩類：1.有質獨影境，如水中的月。2.無質獨影，如兔子的角。

## 三界輪時易可知

這句頌文是說，有情眾生輪轉於三界九地，皆有第六意識，很明顯也很容易知道此識的存在。第七和第八識雖然也遍通三界九地，可是非常微細而不容易被知道。

第六識在三界九地中，下到地獄，上至非想非非想處天，都有它的存在。故不像前五識，到第二地初禪天為止，最多只有眼、耳、身的三個識，再往上去便沒有前五識了。

## 相應心所五十一

這句頌文是說，全部的心所有五十一個，與第六識個個相應。在三界的活動裡，八個識之中表現力最強的就是第六識。由於第六識強烈運作的功能，產生了在三界中流轉生死的結果。它很可惡，但也很可愛。造種種惡業是由它出頭，造種種善業也是由它出面，墮落以它為禍首，修行也是它的功勞。它可以使我們浮沉於生死，也可以使我們出離生死。所以五十一個心所，無一不與第六意識相通。第六意識與全部心所之間的關係極為密切，至少有四點：

1. 它與心所同時而起。
2. 它與心所同一所依根。
3. 它與心所同一所緣境。
4. 它與心所的三量行相俱同。

善惡臨時別配之

這句頌文是說，五十一個心所不是同時俱起，而是臨時臨緣各別與之相應生起；隨善意識時即有善心所與之俱起，隨煩惱意識時，即有不善心所與之俱起，故謂「善惡臨時別配之」。

善惡心所相互違背，故不能同時生起，否則第六意識就不能分別善惡之境了。不過，除了煩惱及善兩者不能並起之外，其餘的遍行、別境、不定三者，皆可並起。然而同類的善心所十一個，可同時俱起，體俱隨順故。

煩惱法中，有可俱起，有不俱起。無明、大隨煩惱，與一切煩惱俱起；貪、瞋、癡、小隨煩惱，則不俱起，以行相違故；非計量境，慢不生起；中隨煩惱，遍不善心，不遍染心。故諸煩惱非一切俱。

總之，善與不善，不可能同時俱起，其餘同類不相違者之間，或有或不有同時俱起。

## 性界受三恆轉易

第六意識不是一類相續，而是經常轉變生起的，故謂「恆轉易」。例如善時忽生一惡念，惡時也可能忽起一善念；喜時可能忽生一憂念，憂時也可能忽起一喜念等，正如俗謂「喜怒無常」，思想、念頭經常與不同性質類別的心品離合無常。

此句頌文的「性、界、受」，是指第六意識通於善、惡、無記的三性；通於欲、色、無色的三界；通於苦、樂、捨的三受，加上憂及喜，而為五受。

「恆轉易」的意思，不僅是第六識心猿意馬，經常變動其相應的心品，也由於第六意識製造出種種業因，成為第八識的種子，然後接受不同狀況及趣別的果報，在三界五趣中，經常流轉變動不已。

三性及三界在前面已解釋過了。至於五受，是什麼意思呢？

五受是指苦、樂、憂、喜、捨，前五識只有苦、樂、捨三種受，第六意識則有五受。因為喜和憂是一種思慮功能，非前五識所有。受了苦以後會擔憂，受了樂以後會有喜悅，乃是第六意識的作用，非前五識所能及。前五識的三受是根身受，第六意識的五受是心意受。

## 根隨信等總相連

這句頌文是說，第六意識總是與根、隨、信等心所，以及與遍行、別境、不定內外相連在一起。

「根」是貪、瞋、癡、慢、疑、惡見的六個根本煩惱。「隨」是二十個隨煩惱。「信」是善法之一，「信等」的意思是包括十一種善法，還有包括遍行五個、別境五個、不定四個等。

動身發語獨為最

這句頌文是說，第六意識在發動身業及語業的功能方面，於八個識之中是獨一無二最最有力的。通常所謂造業，都說是身、語、意的三業，詳細一點說，是身三業、語四業、意三業，合稱十業；作惡稱為十惡業，行善稱為十善業。十業之中，形之於外的是身業及語業，動之於內的是意業，所謂意業，便是第六意識的功能。因此也可以說，人的作威作福、吃苦受難，或者廣修諸善，上天堂、下地獄，乃至希聖希賢、做祖成佛，所有一切行為，都是由於第六意識的「動身發語」而來。

三業內外相應，才能成為造業的事實，與第六意識相應的「思」是業的自體。所謂「思」者，是遍行心所，以造作為性，趨役自心，於善、不善、無記諸事，加行為業，是故此「思」心所，為業的自性。業雖即是思，思亦必有所依的心王，第六意識便為「思」之所依，而來發動身業及語業。

第六意識，具有了別、審慮、決定、謀斷的功能：

1.諸有情以六種識與外境界相接，即有「了別之思」生起。心知於己有益或有損，有利者立即以語反應，或用身手接取；有損者立即以語抗拒，或用身手逃避。

2.若遇繁複重大的境界當前時，第六意識必於此當前的境界，生起「審慮之思」，衡量其利害、輕重、得失、善惡、是非，以及採取何種必要行動的次第先後。

3.審慮之後，乃起「決定之思」，下定決心，採取一定的身業及語業來完成其行動，以因應處理當前境界的狀況。

4.第六意識所起的「謀斷之思」，即是意業對於某一境界的完成。

由於意業是身、語二業的根本，所以一切諸業，無一不是依此第六意識為根本，造業亦必依第六意識。遍行心所雖遍於八個識，卻唯獨第六意識造業，因為第八識的功用在於執持種子，第七識的功用在於執第八識的見分為我，故雖同助第六識的業力，自識卻不造業。前五識，了別外境，對於發動身、語二業確有勝用，但亦僅為第六識的資助，不能直接發動身語。直接發動身、語二業，唯有第六意識，是故頌文要說「獨為最」了。

## 引滿能招業力牽

這句頌文是說，第六意識造了引業及滿業，便能以此業力，而將自己的八識牽往三界五趣，隨業受報。

從造業受報的結果而言，業力分為兩類：

1.引業：能招引五趣之總報。例如所造的殺業重者，多分能引地獄報；盜業重者，多分能引餓鬼報；淫業重者，多分能引畜生報；十善業能引人天報；世間定業能引色界及無色界報。眾生造同類業受同趣報及同類報，稱為「共業」所引。

2.滿業：能招引五趣的別報。例如同生人中，各人的根身有俱有缺，有健康有多病，命根也各有夭壽的差異，資產財物亦有貧富不等，社會地位亦有貴賤之殊。同生天中，隨著各人所造的「別業」不同，以致福報亦有優有劣；同生地獄、餓鬼、畜生中，受苦的程度，亦有輕有重，受苦的期間亦有長有短。

一切眾生既是造引業受總報，造滿業受別報，可知引業為主，滿業為輔，引業的力量強於滿業。

頌文的「能招」是招引接受總別二報，「業力牽」是說眾生之所以生死相續、流轉五趣，都是由於第六意識所造引滿二業之力所牽引。

另外以造業的輕重程度而言，又有「定業」及「不定業」之別。

1.定業：造作重大惡業，是必定會受特定的苦報之因；造作重大的善業，是必定會感受欲樂福報之因。受報的時機又分為三種：⑴造因的當世所感果報，稱為華報，其業名為順現受業；⑵隔世轉生特定的某趣，稱為果報，其業名為順生受業；⑶報盡再次轉生，仍受餘果，稱為餘報，其業名為順後受業。其中招引果報的定業是引業，招引華報及餘報的定業，則為滿業。

2.不定業：不論惡業、善業均有不定之業，由於業力微弱，故不必感受果報，應屬於滿業。其業名為順不定受業。

業的分類法，除了依據感果的分類，名為引滿二業、定不定二業、共別二業。若依成立分類，意業為故思業，身語二業為不故思業；若依價值分類，則有善、惡、無記三業；若依性質分類，則有福業、非福業、不動業。

## 發起初心歡喜地

上面兩頌是說明第六意識在三界之中輪轉五趣時所扮演的角色，這一頌則是說明第六意識進入通達（見道）位之後所擔負的任務。

此句頌文是說，第六意識於入第一歡喜地時，初得轉依，故云「發起初心」。但其所轉的妙觀察智，尚未圓滿。依據唯識學派所講的果位，共分五個層次，即是資糧、加行、通達、修習、究竟。第一歡喜地，亦即極喜地，這是四加行第四的世第一位之次一剎那，即入十地中的初地入心位。十地菩薩的每一地，均有入、住、出的三個位置，入位的時間極短，初地的入心位，名為初心，是初入聖位的菩薩所證，即是通達位。

歡喜地在修行菩薩道的過程中，位置極其重要，這是超凡入聖的關鍵，由凡夫到成佛，所需的時間通常稱為「三祇百劫」，那是說在外凡位的非佛教徒，無法計算其所需時間，信心未堅固的佛教徒，忽進忽退，忽信忽不信，也無從預計其時間，到十信滿位，才開始進入內凡位，亦有聖典說至十信位滿需要十劫。

然據唯識學派之說，二乘聲聞必經（極速）三生、（極遲）六十劫，由外凡、內凡而入無餘涅槃，緣覺必經（極速）四生、（極遲）百劫而入無餘涅槃。從菩薩的十住、十行、十迴向位滿，包括資糧及加行二位，是第一阿僧祇劫滿，名為菩薩的方便道。由最初的極喜地開始，進入通達位，名為見道位，也就是親證真如法身，故已入聖道位的初階。從初地的住心位起，直至第十法雲地，都是修道位，唯識名為修習位。由初地極喜地至七地遠行地，所經時間是第二阿僧祇劫；由第八不動地至第十法雲地滿，是第三阿僧祇劫。

說起修行的性質，《俱舍論》有三種順分：

1. 順福分：外凡位中的外道凡夫，對佛法尚未生起決定信者，也有一分眾生已聞佛法而修行尚未堅固者，為求感得世間有漏愛樂福報，故修五戒十善等法。

2. 順解脫分：修佛法已深植信心，則聲聞外凡位修順解脫分，若於聽聞生死有過、諸法無我、涅槃有德之理，悲戚墮淚，當知其人已植順解脫分之善根。

3. 順抉擇分：聲聞內凡位修順抉擇分，見四諦理的無漏勝慧，此為四善根（煖、頂、忍、世第一）之功德，能順益其見道之一分勝慧，乃為抉擇智，故名順抉擇分。

至大乘唯識學派，同樣亦說三種順分：

1.初信之前的凡夫外道，重於修順福分。

2.十信、十住、十行、十迴向位的菩薩，修順解脫分。

3.第十迴向位的四善根亦即四加行（煖、頂、忍、世第一）位，修順抉擇分。

到了通達位的初地住心位以上，即是修習聖道的修習位；佛果位是無學道的究竟位。現將十地修道位的所修法及所斷障，簡列如下：

極喜地：修布施，斷異生性障。

離垢地：修持戒，斷邪行障。

發光地：修忍辱，斷闇鈍障。

焰慧地：修精進，斷微細煩惱現行障。

極難勝地：修靜慮，斷於下乘般涅槃障。

現前地：修般若，斷粗相現行障。

遠行地：修方便善巧，斷細相現行障。

不動地：修願，斷無相中作加行障。

善慧地：修力，斷利他中不欲行障。

法雲地：修智，斷於諸法中未得自在障。

大乘佛法一般均以修習六波羅蜜為重點，以上十地所修的前六項，即是六波羅蜜，又加四項，共稱十波羅蜜，地地均有一項波羅蜜的殊勝法門。

第六意識初得轉依，即在進入第一歡喜地，亦名極喜地。此所謂轉，亦名二轉依，即是第八阿賴耶識之中，既藏煩惱障及所知障的種子，也藏無漏之實性，所以在修行過程中，第八識的二障種子乃為所轉捨之法，第八識藏著的菩提與涅槃乃為所轉得之法，第八識是被轉捨及轉得所依，故名為二轉依。

若從轉依所得的果位而言，又可分為六種：

1. 損力益能轉：三賢的資糧位及四善根的加行位。此位未斷二障種子，未證真如，原非轉依，但依勝解及慚愧二力，能損本識中染種之勢力，利益本識內淨種之功德，故得轉依之名。

2. 通達轉：通達位的轉依。由此位已去，為斷惡證理，則係真實之轉依，但為分證。第六意識初得轉依，即在此位。

3. 修習轉：修道位之轉依。

4. 圓滿轉：妙覺位之轉依。

5. 下劣轉：二乘人所得的生空涅槃。

6.廣大轉：大乘菩薩所得的生法二空之菩提涅槃。地前的加行位，雖亦能正觀察諸法，然係有漏，不離於相，未得實證真實之義，故不名為妙觀察智。到了入初地時，無漏的根本智及後得智生起，真相見道，方為妙觀察智。此智必與無漏的第六意識及遍行心所等相應而起，故其總名為妙觀察智相應心品。

俱生猶自現纏眠

這句頌文是說，到初地極喜地時，第六意識的俱生煩惱障及俱生所知障，尚會自動現前。此俱生二障的種子，眠伏於第八藏識，能纏縛有情眾生，故謂「俱生猶自現纏眠」。

唯識學派對於惑障的煩惱，稱為二障，一名煩惱障，二名所知障。能障涅槃者，為煩惱障，能障菩提者，名所知障。

煩惱障：是以遍計所執性的實我薩迦耶（身）見為上首，一百二十八個根本煩惱及彼等流諸隨煩惱，擾惱眾生身心。所謂一百二十八根本煩惱是指：六個根本煩惱，加上將邪見分為五個，共為十個；各與苦、集、滅、道的四諦配合，成為四十個；乘以三界，成為一百二十個；上界的四禪四空處無瞋，減去八個，剩下一百一十二個，是為見所斷惑；加上修所斷惑十六個，共為一百二十八個。修所斷惑十六個，是指欲界六個，即無明、愛、恚、慢、身見、邊見，上二界各五個，即是欲界六個之中除去恚。

所知障：是以遍計所執實法薩迦耶見為上首，見、疑、無明、愛、恚、慢等，覆障所知境。

煩惱障及所知障，又各有分別起及俱生起兩類。分別起的煩惱障及所知障的種子，見道位的初地入心即斷；俱生起的煩惱所知二障種子，微細難斷，要待於十地中修勝空觀，方得斷滅。此第六意識，雖於見道的通達位，初得轉依，然當出觀位時，有漏識復生起，未能無間斷地一味相續，以致俱生二障猶然現起纏眠的作用。

煩惱障是由我執生，即是貪、瞋、癡等煩惱。所知障亦名智障，是由貪、瞋、癡等諸惑，障礙所知之境，而使不現，乃由法執而生。

一切諸惑，不出分別起及俱生起。若由邪師、邪教、邪思惟之三緣而起的諸惑，稱為分別起。依無始以來之熏習力，與身俱生，自然而起之諸惑，稱為俱生起。因此，分別起的諸惑易斷，至見道位前即可斷滅；俱生起的諸惑難斷，須至修道位中分分斷滅。第六意識至初地入心位，分別二障已斷，尚餘俱生二障種子，故謂「俱生猶自現纏眠」。

## 遠行地後純無漏

此句頌文是說，第六意識要到十地中第七遠行地以後，才能轉為純淨的無漏智，名為妙觀察智。

為什麼將第七地名為「遠行」？是遠離三界之意，因在前七地中，尚寄三乘行位，所以《法華經》中有云，三乘同出三界火宅，遊過三百由旬，至八、九、十地，乃至佛地寶城。在三乘之中，出過世間二乘，唯一佛乘，名為遠行。到此地時，已能長時無間，住無相住，有功用，非任運起，故以第七地名為無相有功用住。

到了第八不動地，無分別智，任運相續相用，煩惱皆不能動，故名不動地，又名無相無功用住，純無漏道，任運而起，三界煩惱永不現行。

## 觀察圓明照大千

這句頌文是說，第六意識到了第八地時，已經轉為純淨無漏的妙觀察智，圓滿成就，光潔、圓滿、明朗，能夠徹照三千大千世界，廣度無量眾生。

「大千」世界，是一佛所化的世界範圍。第八地以上的菩薩，即可顯現佛身而為眾生說法，所以轉第六意識而為妙觀察智之後，即可顯如來身相，普化一個大千世界。

大千世界的範圍有多大？一千個日月系統的世界範圍，是一個小千世界；一千個小千世界，成為一個中千世界；一千個中千世界，成為一個大千世界。因為有三次的千倍，故稱一個大千世界為「三千大千世界」。若有另外一尊化佛，則是另外一個三千大千世界。

在我們這一個小世界裡所見到的，只有一尊佛，釋迦牟尼佛在我們這個世界出世，我們見到的就只有他這一尊佛。釋迦牟尼佛的確是在一個日月系統的小世界上度眾生，可是釋迦牟尼佛有千百億化身，在這個娑婆世界的三千大千世界之中，共有十億個小世界，釋迦佛可以同時化身千個、百個，乃至百億個，到處去度眾生。因為能到第八地菩薩以上，就有四無礙智，大神通力，所以說是「觀察圓明照大千」。

第六篇

# 第七識頌釋義

# 第七識頌釋義

以上已釋第六意識，此下續釋第七末那（意）識頌，共有三頌十二句。

此第七末那識，在三能變中，是第二思量能變。它自無始以來，恆與第八阿賴耶識俱起相續，以第八識的見分為本質，另緣其自識的相分，妄執實我之法。有情眾生由於此識，自無始以來，無法離迷轉悟，流轉生死苦海，無法脫離。此識既為第八識所依，亦為第六意識所依，故名意根。

以下解釋頌文，說明第七識所緣境及其識性為何。

帶質有覆通情本

這句頌文是說，第七識所緣是三境中的帶質境，在三性中是有覆無記性，依本質而生，故通於本，由情起故，又通於情。

第七識以緣第八識見分，執為實我之法，於所緣境，別起錯誤行解，故名帶質；以心緣心，仗質而生，故係真帶質。前六識則為以心緣色，故為似帶質。由於此第七識不能造業，故為無記性，又以不正分別而覆真故，名為有覆；此識雖無善惡，而恆與貪、癡、見、慢四惑相應，故名有覆。

隨緣執我量為非

此句頌文是說，第七識於隨其所緣境的第八識見分，執為真實之法，其實那是錯誤的行解，所以在三種識量之中，第七識屬於非量。

此中的「緣」，是所緣緣。前文已介紹過，緣有因緣、等無間緣、所緣緣、增上緣四種。此處的所緣緣，具足親疏二種：1.第七識的親所緣緣是其自識的相分。2.第七識的疏所緣緣是第八識的見分。第七識的此二種所緣緣，均係依他起性，無常無主，如幻如化，非實是我。但由於第八識的見分，恆常相續，性不變易，執持根身，變生器界，為報主故，第七識便謬以此第八識的見分，是常是一，故執著為我。

八大遍行別境慧，貪癡我見慢相隨

這兩句頌文是說，跟第七識經常相隨的心所，有八大隨煩惱、五遍行、別境中的慧，以及根本煩惱中的我貪、我癡、我見、我慢，一共十八個心所。因為八大隨煩惱是遍染心所，遍行心所是遍於八識的，別境的慧心所是能計度的，所以第七識都有跟它們相應的；又由於第七識執第八識見分為我的緣故，所以也跟我見相應，於我起恃，故有我慢，於我染著，故有我貪，這些根本便是由於無明不覺真實境故，即有我癡。

至於其餘心所，因為第七識非不善，故無中二，不造惡業故無十小；但緣現境，故無欲、勝解、念、定；由於有我見，便不生我疑；由於愛我，故不起瞋；信等十一個善心所，性唯是善，而第七識是染法，故不相應；此識不造業，任運緣境，故無悔眠；此識不緣尋伺。三性之中屬有覆無記。

恆審思量我相隨

這句頌文是說，第七識是恆審的思量識，執第八識見分為我相，是經常跟隨著的。

第七識與其他識相比較，其思量的作用最為殊勝，所以其他諸識，於恆、審兩種意義，或得其一，或者全缺，唯第七識具足二義。第八識恆而無審，不執我而無間斷故；第六識審而不恆，執我而有間斷故；前五識恆審全缺，不執我而有間斷故。

## 有情日夜鎮昏迷

這句頌文是說，由於第七識恆審思量，總是執著第八識的見分為實我，便使得一切有情眾生因擁有第七識，而永遠日夜昏迷於生死界中，不得覺悟。由於被我執遮覆了的有情眾生，日夜都在昏迷中，雖有日夜，也等於處於漫漫的暗黑長夜。

在無想天的眾生，雖沒有第六意識的我執，卻仍有第七識執我，因此不同於滅盡定，不是聖者，仍屬凡夫。

在欲界的人趣，縱然由前六識修習十善及布施等行，卻因第七識仍具四惑，執我相故，令所修行功德，成於有漏，於真實義，不達究竟，所以說是日夜都在昏迷之中。

## 四惑八大相應起

這句頌文是說，第七識常與四惑、八大的煩惱心所相應生起。有情眾生之所以會日夜在迷中的原因，就是由於四惑、八大相應而起的關係。四惑亦名四煩惱，就是：我貪即我愛、我癡即無明、我見即我執、我慢即倨傲；八大就是八大隨煩惱：不信、懈怠、惛沉、掉舉、散亂、放逸、失念、不正知。因為有我執，所以四惑和八大煩惱就相應而生起。

## 六轉呼為染淨依

這句頌文是說，前六識把第七識叫作染淨依。依據《成唯識論》所說，八個識中，第八阿賴耶識為本識，其他七個識，均名為轉識，總稱為七轉識，是依本識轉生之末識，名為轉識。若就「轉識成智」的意義而言，八個識轉成四個智，是轉迷為悟、轉妄為真。七轉識是依第八種子識，轉生前七識，是由妄轉妄，由本轉末，其意義與轉識成智卻相反。

至於為何前六識叫第七識為染淨依呢？由於第七識執我所以是染法，前六識縱然修行善法，猶成有漏之行；第七識清淨而成無漏之後，六識方得成為無漏。

極喜初心平等性，無功用行我恆摧

這句頌文是說，第七識也是到了初地的入心位，就生起轉變第七末那識為平等性智的功能。唯識家說的「六七因中轉，五八果上圓」，也就是指第六、第七兩識，在初地入心位便發起轉識成智的道相，第五及第八識要到佛果位，無漏智方得圓滿。到了第八地時，第七識的我執，才會摧斷滅除，永不再起。

十地菩薩，地地皆具入、住、出的三個心位，第六意識是在初地入心位，初得轉依，名為通達位及見道位；第七末那識，亦與第六意識相同，也在第一極喜地的入心位，初得轉依。這是由於第七識沒有聞思加行之功用，故不能自成無漏，要仗第六識修加行之後，於見道位破分別煩惱障及分別所知障，得二種真空觀，使彼我法二執不起現行，由此第七末那識與第六意識，同發無漏淨識，而得平等性智。

不過，第七識雖於初地入心位，已初得轉依，並不等於從此一切皆成無漏，一定要到第八無功用地，有漏的我執，方會一斷永斷；原因是初地入心位之後，正在觀位中時，雖已得無漏，出觀位時，智不相續，有漏復生，必須到了第八地才能無漏智相續，我執永斷。

此乃由於俱生煩惱障及俱生所知障，須於初地住心位之後，地地漸除，直到第八地時，俱生我執徹底斷除，而其俱生所知障的法執，猶可現行，直到等覺位的後心，二執方可破淨，此智方得圓滿，轉依亦圓。

由於第七識乃屬有覆無記性，唯有俱生惑，不具分別惑，故於緣境時，唯任運轉，無力斷惑，登地時，第七識自己不能得轉依，唯依第六識斷分別二障得轉依，第七識亦仗第六識而初得轉依，成下品；至第八地破俱生我執，得中品轉依；至佛果前的金剛道位（等覺後心），永除俱生二障，永斷我法二執，得上品轉依。

如來現起他受用，十地菩薩所被機

這句頌文是說，第七識得上品轉依，即可成為佛的他受用身，此身僅以十地菩薩為所被根機的對象而說大法，非內外凡夫及愚法二乘所能當機。

如來的身相，有說法身、報身、化身之三身；有說法身、報身、應身；有說二身乃至十身者，通常多說三身。依據法相唯識宗的主張，稱三身為自性身、受用身、變化身。《成唯識論》卷十云：

1. 自性身：謂諸如來真淨法界，離相寂然，絕諸戲論，具無邊際真淨功德，是一切法平等實性，即此自性，亦名法身。

2. 受用身：又分二種，⑴自受用身——謂諸如來，三無數劫，修集無量福慧資糧，所起無量真實功德，極圓清淨，常遍色身，相續湛然，盡未來際，恆自受用廣大法樂。⑵他受用身——謂諸如來由平等性智，示現微妙淨功德身，居純淨土，為住（初地以上的）十地諸菩薩眾，現大神通，轉正法輪，決眾疑網，令彼等受用，大乘法樂。

3. 變化身：謂諸如來，由成所作智，變現無量隨類化身，居淨穢土，為未登地諸菩薩眾及二乘異生，應彼等機宜，現通說法，令各獲得諸利樂事。

以此唯識論的三身，又可名為法、報、應的三身。自性身即是法身；受用身的自受用身即是報身，受用身的他受用身即是勝應身；變化身即是劣應身。

「機」是佛法中說法開示的對象，有根機、機緣、機感、機教等多種涵義。根機是指眾生的根性類別及其層次，通常分成上根、中根、下根，乃至無根的一闡提人。上根為利根或云善根深厚的菩薩，中、下二根是內外凡及二乘人，無根是無緣修學佛法的人。從這句頌文「十地菩薩所被機」看來，由第七識轉變為如來的平等性智而成為佛的他受用身，所度眾生是上上根的十地菩薩。

# 第七篇

# 第八識頌釋義

# 第八識頌釋義

第八阿賴耶識的頌文，共有三頌十二句。

第八識梵名阿賴耶識，漢譯為藏識，有能藏、所藏、執藏等三義：

1.能藏：是指第八識善於自體中藏一切萬法的種子，好似倉庫能藏一切貨物。

2.所藏：是指現行熏種子的意思而說，第八識善為七轉識熏習諸法種子的對象，名為熏處；若七轉識為善，即熏善種子，為惡即熏不善種子，故其所熏的種子，便能貯藏；此識因依七轉識，藏諸種子故，所以叫作所藏。

3.執藏：是指第八識恆被第七識妄執為實我、實法。

第八識由於智證的程度，可分三位：

1.我愛執藏現行位：是第八識的自相，由於無始以來，第八識恆依第七識愛執為我，故名我愛執藏位，自凡夫至第七地菩薩，以及二乘的有學位聖者，都屬此位，到了八地以上的菩薩及二乘的無學阿羅漢果位，已無第七識的我執，故第八識亦無此我愛執藏之名。

2.善惡業果位：是第八識的果相，由於自無始以來，第八識是善惡業所招感的異熟果，故名業果位，此位通至第十地菩薩的金剛心，或二乘的無學聖者，名為異熟識，到成佛方捨此位。

3.相續執持位：是第八識的因相，此位通至佛果，乃至盡未來際。由於第八識執持色及心的萬法種子，令五根不失，故名相續位。

由此可知，第八識名為阿賴耶的我愛執藏義，是特指我愛執藏位，到了第八地以上的菩薩以及二乘的無學位，即無此名；名為毘播迦的異熟識到成佛時即捨其名實；名為阿陀那的相續執持識，則到盡未來際。

以下解釋第八識的頌文：

性唯無覆五遍行，界地隨他業力生

這二句頌文是說，第八識在三性之中僅通於無覆無記性，在五個遍行心所則全部都有；於三界九地之中是隨著業力而上下浮沉流轉。

由於第八識自己不造業，但隨業生，故屬無記，亦無無明等根本煩惱及隨煩惱與之俱生，亦於一切境界不會迷執，故為無覆無記。

與第八識相應的心所，僅有遍行的作意、觸、受、想、思的五法，因為這五個心所是遍於一切性、一切地、一切時，是與八個識全都相應的，所以名為遍行。作意是注意，是警覺的心理；觸是根、境、識三者和合時的心理感覺；受是感情，感受苦與樂等三受及五受；想是意象，辨別境界，安立名言的心理作用；思是意志，造作身、口、意三業的作用。

至於其他的心所，為何不與第八識相通？由於第八識是任運而緣現境，故無五種別境；由於此識的自體非善亦非染，故無信等善十一，亦無貪等煩惱；此識無所造作，任運緣境，又不緣於意及言境，故無四個不定法。

第八識於三境中唯屬性境，於三量中唯屬現量。

第八識在三界九地中，是隨業力而界地有別，依之生於任何一地，業力未盡時，恆起該一地的業識；不像第六意識那樣，雖生此界，亦可生起餘界識造餘界業；是故於八識之中，純屬隨業力而生者，唯此第八識，純屬非由業力而生者，是第七識，一分隨業力而生、一分不隨業力而生者是前六識。然於前六識中的前五識多隨業力生，隨緣任運起故；第六識多非隨業力生，自識分別起故。

二乘不了因迷執，由此能興論主諍

這二句頌文是說，由於聲聞、緣覺的二乘人，不信有此第八識，不知第八識的深密義，非思量所知，非二乘人的智慧所能覺知。世尊也在《解深密經》卷一說到：「阿陀那識甚深細，我於凡愚不開演，一切種子如瀑流，恐彼分別執為我。」第八識有相續執持義，梵名阿陀那識；此所謂凡愚，是指凡夫及愚法二乘，此識的內容微妙深細，執持一切色心萬法種子，非內外凡夫及二乘聖者的智力所及，若讓他們聽到了有這麼一個跨起染淨世出世間一切時空，乃至盡未來際都有的阿陀那識，恐怕會被凡夫及二乘人執為實我了，故此識之名，唯對上智利根的菩薩開演。《成唯識論》卷三亦引徵此頌。

「能興論主諍」的意思是說，由於二乘不明了，就生起迷執，認為根本沒有第八識這樣一個識，因此就引起了大乘論主們，例如無著、世親、護法等諸人，引經據典，撰著論書，與二乘部派諸論師諍論，證明唯識的正理，以破二乘人的迷執。

故此論主的意思是包括大、小乘諸論師，凡為參加這項論諍而撰著論書的大、小乘學者，都被稱為論主。

大乘論主的論書中成立第八識的有：彌勒（一說無著）的《瑜伽師地論》，無著的《攝大乘論》，世親造《唯識三十頌》，護法等十大論師釋《唯識三十頌》，由玄奘揉譯為《成唯識論》，此諸論書中，廣宣第八識的甚深妙義。

《成唯識論》卷三及卷四，總依十因，成立此第八識。所謂十因，亦云十理，有頌曰：「持種異熟心，趣生有受識，生死緣依食，滅定心染淨。」

1. 持種者，引《大乘阿毘達磨契經》（以下稱《契經》）之說，雜染清淨諸法種子之所集起，故名為心，若無此識，彼持種心，即不應有。

2. 異熟者，《契經》說，有異熟心，善惡業感，若無此第八識，彼異熟心，即不應有。

3. 趣生者，《契經》說，有情眾生流轉五趣四生，若無此第八識，彼趣生體，即不應有。

4. 有執受者，《契經》說，有色根身是有執受，若無此第八識，彼能執受，即不應有。

5.識者，《契經》說，壽煖識三者，更互依持，得相續住，若無此第八識，能持壽煖，令久住識，即不應有。

6.生死者，《契經》說，諸有情類，受生命終，必住散心，非無心定，若無此第八識，生時死時，心不應有。

7.緣者，《契經》說，識緣名色，名色緣識，如是二法，輾轉相依，若無此第八識，彼識自體，即不應有。

8.依食者，《契經》說，一切有情，皆依食住，若無此識，彼識食體，即不應有。

9.滅定心者，《契經》說，住滅定者，身語心行，無不皆滅，亦不離煖，根無變壞，識不離身，若無此第八識，住滅定者，不離身識，即不應有。

10.染淨者，《契經》說，心雜染故，有情雜染，心清淨故，有情清淨，若無此第八識，彼染淨心，即不應有。

《成唯識論》卷三，除了引用《解深密經》的名頌，已如前舉。此外尚引用《大乘阿毘達磨契經》的偈頌：「無始時來界，一切法等依；由此有諸趣，及涅槃證得」；該經又有偈頌云：「由攝藏諸法，一切種子識；故名阿賴耶，勝者我開示。」也引《楞伽經》的偈頌云：「如海遇風緣，起種種波浪；現前作用轉，無有間斷時；藏識海亦然，境等風所擊；恆起諸識浪，現前作用轉。」這些都是為了證明有第八識而由論主們引用的經據。其中以《解深密經》的偈頌以及《大乘阿毘達磨契經》的第一個四句頌，最常被學者們普遍引用，所以是特別重要的名偈。

浩浩三藏不可窮，淵深七浪境為風

這第一句頌文是說，第八識所俱的能藏、所藏、執藏三項功能，其意義甚深難知，無有邊畔，故云浩浩。第二句是說第八識名為本識，深藏不露，而淵深如海，前七轉識，對於本識，猶如吹在海面的風，鼓起海面的波浪。

第八識名為阿賴耶，有三藏的功能，已於上文略釋。此中能藏者，謂能含藏諸法種子；所藏者，因受七識熏種於此八識，即以八識為種所藏處；執藏者，第七末那恆緣此識，審思為我所執藏，恆不捨離。

第八識與第七識的關係，《楞伽經》譬喻為深海與風浪的經證，已如前所舉例；此外，卷一有云：「譬如巨海浪，斯由猛風起；洪波鼓冥壑，無有斷絕時。藏識海常住，境界風所動；種種諸識浪，騰躍而轉生。」這兩偈的梵文原典，應該與《成唯識論》所引者相同。

又有兩偈，則說得更清楚：「非異非不異，海水起波浪；七識亦如是，心俱和合生。譬如海水變，種種波浪轉；七識亦如是，心俱和合生。」最後一句的心俱二字，應係指八識與七識和合而生起波浪的意思。另在《入楞伽經》卷二的長頌之中，也有類似的句子。

### 受熏持種根身器

這句頌文是說，第八識有受熏持種的功能。

所謂受熏，因為第八識是無覆無記性，自己不能造業，所以要依靠前七轉識的染淨熏習，被熏之後，就執持種子，成為能藏的阿賴耶識。由此持種，得緣之時，又變成現行時，便是第八識所變現的根身和器界的環境了。所以第八識的相分，就有三種：

1.一切種子：是受前七轉識熏習而成的種子。

2.器界：有情所處的物質環境。

3.根身：有情由五根所成的身體。

如果第八識不受前七轉識所熏，便無種子可持；若無第八識受前七轉識熏者，一切往事，便成過去，即無種子成為現行，便無因果業報。其實就是由於第八識受熏，才能持續不斷地現行熏種子，種子生現行。第八識性是無覆無記，恆不與善染諸類心所相應，自在為主，性非堅密，是故可熏。前七轉識，非唯無記，故不能容受一切法熏。前六轉識，且有間斷，不能持種不失，故不受熏。一切心所，均為依他起法，不能受熏持種。無為法性堅密，故亦不受熏。

所謂持種者，此第八識，恆時無間，執持世出世間，本有新熏的一切種子，能令不失。

第八識的種子遇緣，即能變現有情的根身肉體而執受之；從入胎、住胎次第轉變，成為根身，然後出胎、成長、住世、死亡，乃至此識未離身時，長時執受，不相捨離。第八識一旦離根身時，肉體便腐爛而成死屍；至於昏睡悶絕時，雖無第六意識，仍非死亡，是有第八識執受根身滋長故。

至於第八識的種子遇緣變成有情處身的器界，包括山河大地，草木禾稼，大小動物，一切身外之物，有情的根身，即依之滋養安住不壞。

根身為正報，由於有情正以五趣四生的根身而顯果報的差別，雖所依的器界相同，而根身不同即是罪報與福報不同，卻也都是有情眾生各自的八識種子所現。

## 去後來先作主公

這句頌文是說，第八識在有情的一期正報，死亡與再出生的過程中，與前七識相比，總是最晚走又最先來的主人公。第八識是相續執持識，不論是在三界九地，或者已斷二障，已證二空真如，都是相續執持的，名為阿陀那識；在生死的異熟階段，名為阿賴耶識，無時不有。若此趣的業力已盡，即捨此趣的根身，轉受他趣根身，捨身根時，捨壽及煖，識亦離開，名為死亡；若雖氣絕，根身仍有餘溫者，乃因第八識尚未捨離。至根身漸冷，全身皆冷時，即表明第八識已離根身，根身即開始爛壞，便住死位。

於氣絕而失去分別能力時，前六識即先消失；但若其根身尚有煖觸，第八識則仍住於根身而尚未離。離此根身，另得根身時，最初入胎，也是第八識先到；住胎至出胎，前六識方漸生起。因此而說，第八識是「去後來先」的主人翁。

## 不動地前纔捨藏

前面二頌八句是介紹第八識因位的狀相，接下來這一頌四句，是說明第八藏識的轉識成智的狀相。

此句頌文是說，第八識在第七地菩薩位時，才捨藏識之名。

不動地是第八地。進入此地時，第七識的我執自此永不復起，不再執第八識的見分為我，乃是由於此地已有無相無功用道生起，自此第八識即捨我愛執藏的藏識之名，但名異熟識毘播迦及相續識阿陀那了。由於第八識在未成佛前，均為世間三業所感，未成無漏，故名異熟；又以第八識相續執持，直至成佛之後的盡未來際，故名阿陀那識。

於此介紹十地菩薩的行位次第如下：

1. 極喜地：舊譯歡喜地，已捨異生性，得聖種性，證得人法二空，善能自利利他，生大歡喜。

2.離垢地：善能嚴持淨戒，不起微細毀犯；此地菩薩所持菩薩戒，可參考《瑜伽菩薩戒本》的四重四十三輕、《梵網菩薩戒經》的十重四十八輕，及聖嚴拙作《菩薩戒指要》中的三聚及十善。持清淨戒，離煩惱垢，故名離垢地。

3.發光地：此地菩薩成就勝定、等持及等至，發無邊妙慧，從聞思修三慧，發起慧光。

4.焰慧地：此地菩薩安住最勝菩提分法，發起智慧之力，如火燒薪，摧毀一切煩惱。

5.極難勝地：此地菩薩能破一切情見，通達一切之法，無能勝者，猶如諸佛境界。《菩薩瓔珞本業經》卷下云：此地菩薩「三界無明疑見，一切無不皆空」。

6.現前地：善離染淨差別，無分別的最勝真如淨性與最勝般若顯現。

7.遠行地：此地菩薩，住於純無相觀，遠出過世間及出世間二乘的有相行，故名遠行地。《成唯識論》卷九云：「七遠行地，至無相住功用後邊，出過世間二乘道故。」

8.不動地：無漏的無分別智，任運相續，不用加行，不為一切有相功用及煩惱所動。於前五地，有相觀多無相觀少，第六地無相觀多有相觀少，第七地純無相觀，但亦尚有加行，故不能出現化他的佛身相及佛國土。至第八地，斷除加行障，任運而可現出佛土及佛相，以利益化度眾生。

9.善慧地：成就微妙四無礙解，遍遊十方，說法無礙。

10.法雲地：能遍緣一切法的大法智，能隱覆一切無邊惑障。是以大法之智雲，遍注甘露法雨。

## 金剛道後異熟空

此頌是說，第八識到金剛道之後，即捨異熟識的毘播迦之名。第八識的證智程度，有三位：⑴第七地捨藏識名；⑵金剛道後的佛果位，捨異熟識名；⑶相續執持的阿陀那名，則永遠存在。所以成佛之後，並不等於幻滅，乃是煩惱惑障的寂滅，並非如二乘聖者的涅槃，是滅其身而泯其智。

「金剛道」亦名金剛三昧，亦名金剛心，是從金剛喻定得名。由於此定，其體堅固，其用銳利，得斷一切煩惱。這個名詞，通用於大、小二乘，由此禪定之力，斷盡一切最極微細煩惱，各得其極果。在聲聞聖者，是阿羅漢向位之最終，在大乘菩薩則是等覺位。

在大乘十地位中，地地皆有入、住、出的三個心位，此中最後一個心位的斷惑證真，進階過程即稱為無間道；十地滿心位，正在頓斷最後一分極微細俱生所知障，以及任運起的煩惱障種子時，名為金剛無間道；此時於無間隔中，即已成佛，稱為妙覺位。金剛喻定是瞬息無間，快速無比，故又名為閃電喻定。

「異熟」舊譯為果報，新譯為異熟，梵名毘播迦。是依過去的善惡業因而獲得樂苦果報之總名。由於果是異於因之性質而成熟者，故名異熟。例如造善業而得樂果，造惡業而得苦果，善業及惡業在三性中分屬於善性不善性，其樂果及苦果在三性中均屬無記性。因與果之間的性質相異，故名異熟。性質相異，由因成果，即為異類而熟，故名異熟。其善惡之因，得異熟之果，名異熟果；由業種生現行，現行熏業種，所成第八識，名為異熟識，亦名果報識。到了金剛道後的佛果位，即捨此名。

大圓無垢同時發，普照十方塵剎中

這二句頌文是說，第八識於成等正覺而至妙覺位時，立即轉捨異熟識名，而成大圓鏡智，同時發起無垢識的功用，以根本後得二智之光，普照十方無量佛剎。在此亦宜介紹轉八識成四智的心品內容：

1.大圓鏡智：亦名大圓鏡智相應心品，是轉有漏的第八識所得的智慧，此智藏有無漏功德的種子，故能變現佛果妙境。一切相得現於前，了無迷闇，故此又名一切種智、一切智。其變現猶如無方無畔的大圓滿鏡，能夠映現一切萬象。

2.平等性智：亦名平等性智相應心品，是轉有漏的第七識，所得的智慧，此智無法生起平等大悲心來，唯內證一切諸法平等的理性，外緣一切諸法，自他平等。

3.妙觀察智：亦名妙觀察智相應心品，是轉有漏的第六識，所得的智慧，此智觀察一切法的自相及共相，無礙自在，並於大眾之中，巧轉法輪，斷諸疑惑。

4.成所作智：亦名成所作智相應心品，是轉有漏的前五識，所得的智慧，是為利樂地前的菩薩以及二乘、凡夫，遍於十方，示現三業變化，即是以佛的應化身，普度眾生。

「無垢」即是第八識的無上轉依最極清淨位，名為無垢識，即是如來地的阿陀那識，它是第八識的淨分，舊譯稱之為第九識，另有一個梵名是阿末羅識。《成唯識論》卷三云：「或名無垢識，最極清淨，諸無漏法所依止故，此名唯在如來地有。」

「十方塵剎」即是周遍十方無量無數恆河沙數諸佛國土。「普照十方」是說成佛之後，得大涅槃，得大自在，豎窮三際，橫遍十方，以三身四智，度無量眾生，所以唯識大乘的究竟果位，是悲智雙運而永無厭倦的。

# 附錄

# 《唯識三十論頌》

世親菩薩造　唐三藏法師玄奘奉詔譯

護法等菩薩，約此三十頌造成唯識，今略標所以，謂此三十頌中，初二十四行頌明唯識相，次一行頌明唯識性，後五行頌明唯識行位。就二十四行頌中，初一行半略辯唯識相，次二十二行半廣辯唯識相。謂外問言，若唯有識，云何世間及諸聖教說有我法。舉頌詶答，頌曰：

1 由假說我法　有種種相轉
彼依識所變　此能變唯三

2 謂異熟思量　及了別境識

次二十二行半廣辯唯識相者，由前頌文略標三能變，今廣明三變相，且初能變其相云何，頌曰：

初阿賴耶識　異熟一切種

3 不可知執受　處了常與觸

作意受想思　相應唯捨受

4 是無覆無記　觸等亦如是

恆轉如瀑流　阿羅漢位捨

已說初能變，第二能變其相云何，頌曰：

5 次第二能變　是識名末那

依彼轉緣彼　思量為性相

6 四煩惱常俱　謂我癡我見
并我慢我愛　及餘觸等俱
7 有覆無記攝　隨所生所繫
阿羅漢滅定　出世道無有

如是已說第二能變，第三能變其相云何，頌曰：

8 次第三能變　差別有六種
了境為性相　善不善俱非
9 此心所遍行　別境善煩惱
隨煩惱不定　皆三受相應
10 初遍行觸等　次別境謂欲

勝解念定慧　所緣事不同
[11]善謂信慚愧　無貪等三根
勤安不放逸　行捨及不害
[12]煩惱謂貪瞋　癡慢疑惡見
隨煩惱謂忿　恨覆惱嫉慳
[13]誑諂與害憍　無慚及無愧
掉舉與惛沉　不信并懈怠
[14]放逸及失念　散亂不正知
不定謂悔眠　尋伺二各二

已說六識心所相應，云何應知現起分位，頌曰：

15 依止根本識　五識隨緣現
或俱或不俱　如濤波依水

16 意識常現起　除生無想天
及無心二定　睡眠與悶絕

已廣分別三能變相為自所變，二分所依云何應知依識所變假說我法非別實有，由斯一切唯有識耶，頌曰：

17 是諸識轉變　分別所分別
由此彼皆無　故一切唯識

若唯有識都無外緣，由何而生，種種分別，頌曰：

18 由一切種識　如是如是變

以展轉力故　彼彼分別生

雖有內識而無外緣，由何有情生死相續，頌曰：

19 由諸業習氣　二取習氣俱
前異熟既盡　復生餘異熟

若唯有識，何故世尊處處經中說有三性，應知三性亦不離識，所以者何，頌曰：

20 由彼彼遍計　遍計種種物
此遍計所執　自性無所有

21 依他起自性　分別緣所生
圓成實於彼　常遠離前性

22 故此與依他　非異非不異
如無常等性　非不見此彼

若有三性，如何世尊說一切法皆無自性，頌曰：

23 即依此三性　立彼三無性
故佛密意說　一切法無性

24 初即相無性　次無自然性
後由遠離前　所執我法性

25 此諸法勝義　亦即是真如
常如其性故　即唯識實性

後五行頌明唯識行位者，論曰，如是所成唯識性相，誰依幾位如何悟入，謂具大乘二種種性，一本性種性，謂無始來依附本識法爾，所得無漏法因，二謂習所成種性，謂聞法界等流法已，聞所成等熏習所成，具此二性方能悟入。何謂五位，一資糧位，謂修大乘順解脫分，依識性相能深信解，其相云何，頌曰：

[26]乃至未起識　求住唯識性
於二取隨眠　猶未能伏滅

二加行位，謂修大乘順抉擇分，在加行位能漸伏除所取能取，其相云何：

[27]現前立少物　謂是唯識性
以有所得故　非實住唯識

三通達位，謂諸菩薩所住見道，在通達位如實通達，其相云何：

28 若時於所緣　智都無所得
爾時住唯識　離二取相故

四修習位，謂諸菩薩所住修道，修習位中如實見理數數修習，其相云何：

29 無得不思議　是出世間智
捨二麄重故　便證得轉依

五究竟位，謂住無上正等菩提，出障圓明能盡未來化有情類，其相云何：

30 此即無漏界　不思議善常
安樂解脫身　大牟尼名法

國家圖書館出版品預行編目資料

探索識界：八識規矩頌講記 / 聖嚴法師著. -- 四版. -- 臺北市：法鼓文化, 2022.03
面； 公分
ISBN 978-957-598-947-7（平裝）

1.CST: 法相宗 2.CST: 注釋

226.22 111001159

現代經典 4

# 探索識界——八識規矩頌講記

*Exploring the Domain of Consciousness: A Study of Master Xuanzang's Verses Delineating the Eight Consciousnesses*

著者 聖嚴法師
出版 法鼓文化
總審訂 釋果毅
總監 釋果賢
總編輯 陳重光
編輯 林文理、李書儀
封面設計 謝佳穎
內頁美編 小工
地址 臺北市北投區公館路一八六號五樓
電話 (02)2893-4646
傳真 (02)2896-0731
網址 http://www.ddc.com.tw
E-mail market@ddc.com.tw
讀者服務專線 (02)2896-1600
初版一刷 二〇〇一年一月
四版二刷 二〇二四年一月
建議售價 新臺幣二〇〇元
郵撥帳號 50013371
戶名 財團法人法鼓山文教基金會—法鼓文化
北美經銷處 紐約東初禪寺
Chan Meditation Center (New York, USA)
Tel: (718) 592-6593 E-mail: chancenter@gmail.com